한 줄 명상

목 차

힘들고 지친 당신을 위해

활 만드는 사람은 줄을 다루고

배 젓는 사람은 배를 다루고

목수는 나무를 다루듯

진정 용기 있고 지혜로운 사람은

바로 자기 자신을 다룹니다.

《법구경》

전쟁에서 수천의 적과 싸워 이기는 것보다

자신을 이기는 사람이 전사 중에 최고의 전사입니다.

《법구경》

나무는 꽃을 버려야 열매를 맺고
강물은 강을 버려야 바다에 이릅니다.

《화엄경》

항상 새벽처럼 깨어 있으세요.

그리고 스스로를 위험에서 구출하세요.

마치 진흙 속에 빠진 코끼리가

온 힘을 다해 자기 자신을 위험에서 끌어올리듯!

《법구경》

땅속에는 물이 있지만

땅을 파지 않으면 물을 얻을 수 없습니다.

나무에는 불이 있지만

비비지 않으면 불은 찾을 수 없습니다.

우리의 마음도 그렇게 단련해야 합니다.

《선문단련설》

먼 옛날부터 비방만 받는 사람도 없었고

칭찬만 받는 사람도 없었습니다.

칭찬과 비방은 모두 속절없는 겁니다.

그러니 어떤 말에도 마음 흔들리지 말고

항상 굳건하게 내 마음을 지키세요.

《법구경》

마음이 지옥도 만들고 극락도 만듭니다.

어떤 일이 있어도 감정적인 마음에 흔들리지 말고

언제나 내 마음의 참주인이 되세요.

《장아함경》

마음은 용감하게,

생각은 신중하게,

행동은 깨끗하게 하세요.

이렇게 정진하는 사람이야말로

영원히 깨어있는 사람입니다.

《법구경》

한
줄
명
상

고통을 통과하지 않는 영혼은 없습니다.

삶의 가장 어두운 순간에도 우리는 성장하고 있습니다.

보세요! 눈부신 새벽이 벌써 저기 와 있잖아요.

- 서울국제명상페스티벌 운영위원회 -

근심과 두려움은 욕심에서 생깁니다.

욕심은 완전히 없애지 않으면 다시 자랍니다.

욕심을 뿌리째 뽑으면

당신 마음속의 수많은 걱정과 두려움도 뿌리째 사라집니다.

《법구경》

착한 친구와 함께 가세요.

만약 참된 진리를 구하는 진정한 도반이 없다면

차라리 무소의 뿔처럼 혼자 가세요.

《수타니파타》

빗방울이 떨어져 단단한 돌을 뚫는 것처럼
끝없는 노력 앞에서 이루어지지 않는 것이 없습니다.

《불유교경》

땅에서 넘어졌다면,

바로 그 땅을 짚고 다시 용감하게 일어나세요.

- 보조지눌 선사 -

기쁨이 가득한 당신의 나날을 위해

마음은 원래 고요합니다.

이것을 아는 것이 참된 열반이요,

참된 기쁨입니다.

《선가귀감》

지금 밤길을 홀로 걷고 있나요? 두려워 마세요.

이 어두운 세상을 환히 밝혀주는 '당신'이 바로 빛이니까요!

- 서울국제명상페스티벌 운영위원회 -

기쁨이 가득한 당신의 나날을 위해

아름다운 말은 목욕을 하듯 사람의 마음을 상쾌하게 합니다.

오늘도 예쁘고 고운 말로 나와 남을 기쁘게 해보세요.

《불소행찬》

비록 공부가 적어도,

'욕심과 성냄과 어리석음'

이 세 가지를 버리면

참된 기쁨과 즐거움을 얻을 수 있습니다.

《열반경》

모든 것은 마음이 근본입니다.

맑고 순수한 마음으로 말하고 행동하면

한량없는 즐거움이 따릅니다.

마치 수레바퀴가 소의 발자국을 따르듯이!

《법구경》

하늘에서 보물이 비처럼 쏟아져도

욕심 많은 사람은 만족을 모릅니다.

욕심을 버리고 만족하세요.

그러면 늘 기쁨과 행복이 가득할 겁니다.

《중아함경》

바로 지금 여기에서,

모든 증오와 원한을 버리세요.

그러면 기쁨과 평화가 언제나 가득할 거예요.

《깔라마경》

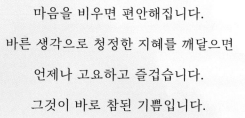

마음을 비우면 편안해집니다.

바른 생각으로 청정한 지혜를 깨달으면

언제나 고요하고 즐겁습니다.

그것이 바로 참된 기쁨입니다.

《불설중본기경》

고요한 마음은 꽃처럼 맑고 향기롭습니다.

지혜로운 마음은 태양처럼 높고 찬란합니다.

참된 기쁨도 꽃과 태양처럼 향기롭고 찬란합니다.

《반니원경》

모든 것은 변합니다.

이 세상 모든 것은 생겨났다 사라집니다.

애착과 욕망과 번뇌를 버리세요.

그리하면 다함 없는 평안과 기쁨이 찾아옵니다.

《잡아함경》

한
줄
명
상

진리 속에 자신을 스스로 세우세요.

진리 속에서 자신을 스스로 점검하세요.

진리 속에서 자신을 스스로 보호하세요.

그렇게 저 무한한 열반의 기쁨을 향해 나아가세요.

구름을 벗어난 저 둥근달처럼

그대는 온 세상을 밝게 비출 겁니다.

《법구경》

지금 이 순간 생의 기쁨을 한껏 만끽하세요.

이생의 무한한 기쁨 속에서,

빛! 그 자체가 되어 살아가세요.

《법구경》

고요하고 평온한 당신의 마음을 위해

마음 밖에 다른 것이 없으니,

모든 것이 무심無心입니다.

- 경허 선사 -

이 마음은 가을 달과 같아

어느 곳이나 훤히 마음대로 비춥니다.

- 백운 선사 -

이 세상 사람들은 모두 소중합니다.

이 세상 사람들은 모두 평등합니다.

그러므로 언제나 서로 존중하고 사랑해야 합니다.

서로 아끼고 사랑할 때

이 세상은 한 송이 무지갯빛 꽃이 됩니다.

- 서울국제명상페스티벌 운영위원회 -

과거에도 끌려가지 말고

미래에도 끌려가지 말고

현재에도 집착하지 마세요.

그러면 평온해집니다.

《수타니파타》

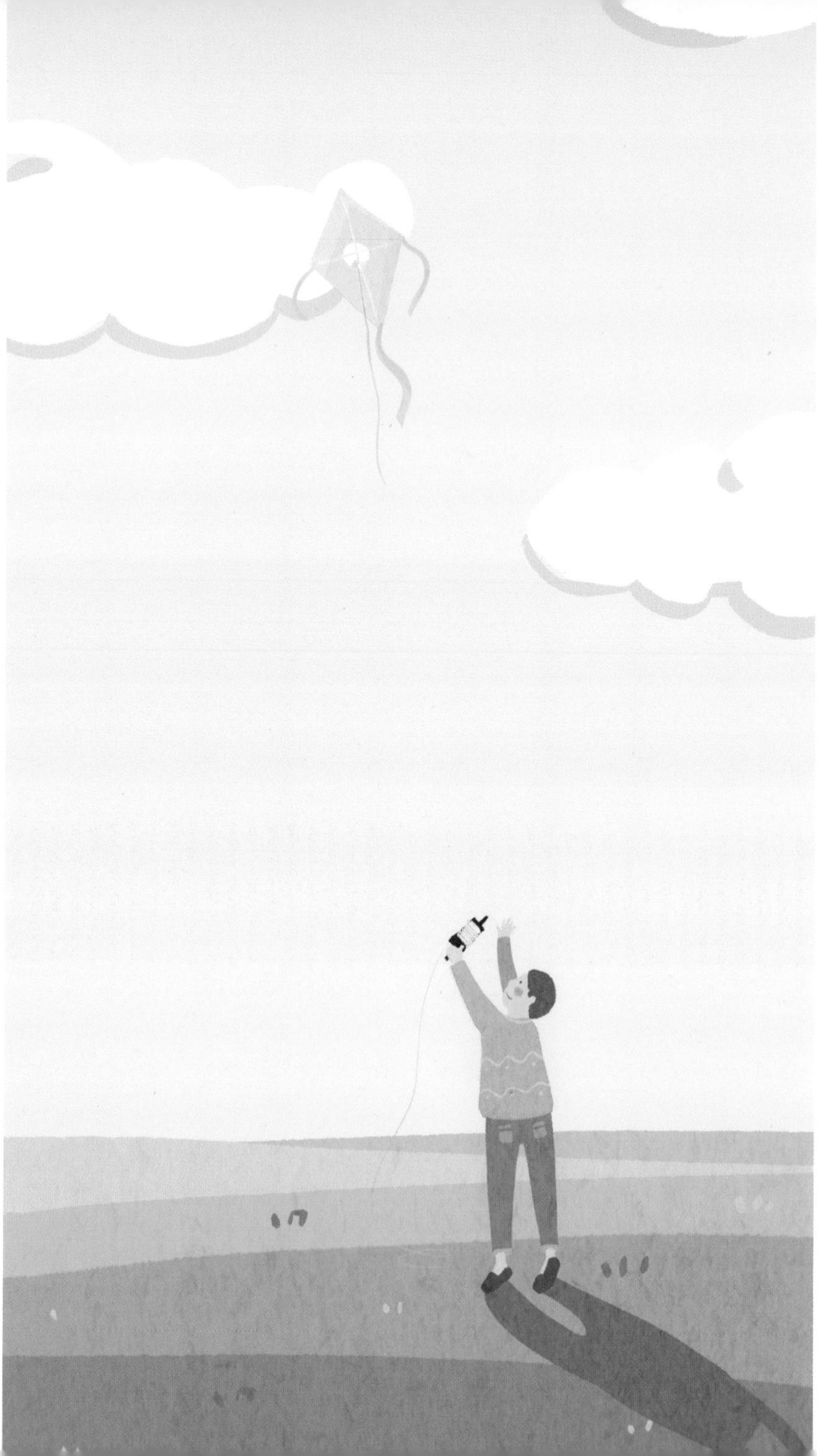

탐욕은 가장 나쁜 병이고
애착은 가장 큰 슬픔입니다.
욕심과 애착을 끊으세요.
저 걸림 없는 허공처럼
내 마음도 평안해집니다.

《잡아함경》

마음이 고요해지면 모든 일을 환히 알 수 있습니다.

내 마음이 고요해지면

이 세상도 함께 고요하고 환해집니다.

《선가귀감》

지혜가 없는 명상은 빛을 발하지 못합니다.

지혜와 명상을 함께 갖추어야,

모든 고통이 사라지는 완전한 평안에 이릅니다.

《법구경》

몸과 말과 생각을 고요히 하며 마음의 밭을 가는 사람은

평온한 열반에 이릅니다.

이런 사람은 영원히 고통받지 않습니다.

《잡아함경》

높은 진리는 어렵지 않습니다.

오직 '좋다, 싫다' 하는 분별심만 버리면 됩니다.

《신심명》

모든 것은 원인이 있어 결과가 생깁니다.

좋은 씨앗을 심으면 좋은 결과가 자라고

나쁜 씨앗을 심으면 나쁜 결과가 자랍니다.

그러니 미움과 괴로움을 버리고

행복과 평온의 씨앗을 심으세요.

그러면 당신 마음에 행복과 평온이

봄날에 정원을 가득 채운 꽃처럼 가득 피어날 겁니다.

- 서울국제명상페스티벌 운영위원회 -

분노는 사랑으로 다스리세요.

악은 선으로 다스리세요.

탐욕은 자비로 다스리세요.

거짓은 진실로 다스리세요.

고통은 사라지고

내 마음은 한없이 평안해집니다.

《법구경》

마음을 비운다는 것은

너와 내가 소통하고 하나가 된다는 뜻입니다.

오늘은 저 푸른 허공과 같은 마음으로 남들과 하나 되어

진정으로 소통하는 하루가 되어보세요.

- 서울국제명상페스티벌 운영위원회 -

청산은 나를 보고 말없이 살라 하고
창공은 나를 보고 티 없이 살라 하네.
사랑도 벗어놓고 미움도 벗어놓고
물같이 바람같이 살다가 가라 하네.

- 나옹 선사 -

강물처럼 가득한 자비와 사랑

항상 이 세상을 따뜻하고 자비로운 눈으로 보세요.

행복이 바다처럼 가득 넘칠 거예요.

《법화경》

"네 말을 들으니 수긍이 간다.

네 의견을 정확하게 말해주어 고맙구나!"

여러분도 그렇게 말해보세요.

《부처님의 대화법》

비록 뼈저린 후회를 하더라도

결코 심한 죄의식이나 모멸감을 갖지 마세요.

참회는 하되 자기를 따뜻이 용서하고 사랑하세요.

이 세상에서 나를 가장 사랑하는 이는 바로 자기 자신입니다.

- 서울국제명상페스티벌 운영위원회 -

모든 고통은 자기 스스로 만든 겁니다.

내가 만들어서 내가 받는 겁니다.

그러니 이제부터는 고통 대신 자비와 사랑만 키우세요.

고통은 저절로 사라지고

사랑과 행복만 가득한 인생이 펼쳐질 겁니다.

- 서울국제명상페스티벌 운영위원회 -

사랑에는 두 가지가 있습니다.

하나는 '집착이 섞인 사랑'이고,

또 하나는 '집착 없는 사랑'입니다.

세상에서 가장 아름다운 최고의 사랑은

모든 존재가 한량없이 행복하길 바라는

'집착 없는 사랑'입니다.

지금 당신은 어떤 사랑을 하고 계시나요?

- 서울국제명상페스티벌 운영위원회 -

한
줄
명
상

남을 미워하면, 결국 내 마음이 미워집니다.

남을 사랑하면, 내 마음이 행복해집니다.

미워하는 것도 내 마음이고,

좋아하는 것도 내 마음입니다.

지금 당신의 마음은 어떠신가요?

- 서울국제명상페스티벌 운영위원회 -

한
줄
명
상

부처님의 마음은 이렇습니다.

"누가 나를 목까지 땅에 파묻었을 때도
나는 조금도 화를 내지 않았다.
누가 나를 가시 박힌 매로 채찍질했을 때도
나는 조금도 화를 내지 않았다.
마하빠따빠가 나의 손발을 마치 죽순처럼 자를 때도
내 마음엔 조금의 화도 없었다."

- 붓다 -

자비심은 인간 생존의 가장 기초입니다.

자비심이 있어야 인간의 삶은 진정한 가치를 갖습니다.

- 달라이 라마 -

다른 사람을 변하게 할 수 있는 유일한 수단은

그 사람을 사랑하는 것입니다.

- 서울국제명상페스티벌 운영위원회 -

한
줄
명
상

물고기가 낚싯줄에 걸려 발버둥 치는 모습을 보면서

불쌍한 마음이 든 적이 있나요?

창살에 갇혀 비참하게 고통받는 동물을 보면서

가여운 생각이 든 적이 있나요?

문득 기아에 허덕이며 죽어가는 사람들을 떠올리면서

가슴 아파한 적이 있나요?

그렇다면 당신은 이미 착하고 자비로운 사람입니다.

모든 생명을 내 몸처럼 여기는 당신이야말로,

세상에서 가장 선하고 아름다운 사람입니다.

- 서울국제명상페스티벌 운영위원회 -

기대하면서 베푸는 친절은

스트레스와 실망과 화 등의

부정적인 감정을 불러일으킵니다.

그러니 오늘 하루만큼은

아무것도 바라지 않고 친절을 베풀어보세요.

아무것도 바라지 않는 친절이야말로,

너와 나를 다 함께 행복하게 만드는

가장 쉬운 사랑과 자비의 실천법입니다.

- 서울국제명상페스티벌 운영위원회 -

흐르는 시간을 안타까워하지 마세요.

사소한 걱정에 휩쓸리지 마세요.

스쳐 가는 인연에 가슴 아파하지 마세요.

사랑하되 욕심 없이 사랑하고,

떠나갈 때는 유유히

흐르는 저 강물처럼 집착 없이 놓으세요.

- 서울국제명상페스티벌 운영위원회 -

삶의 가치는 쉽거나 어려움에 있는 것이 아니라

우리가 그것을 얼마나 지혜롭게 받아들이느냐에 달려있습니다.

- 서울국제명상페스티벌 운영위원회 -

한
줄
명
상

한 걸음 걸을 때마다 사랑의 꽃을 피우세요.

내가 가는 걸음걸음으로 사랑의 꽃길을 만드세요.

- 서울국제명상페스티벌 운영위원회 -

영원한 행복의 길

내 인생에서 가장 행복한 날은 바로 '오늘'입니다.

내 인생의 최고의 날도 바로 '오늘'입니다.

《벽암록》

한
줄
명
상

모든 걱정을 내려놓고

얼굴에 가득 미소 지어보세요.

온 세상을 향해 활짝 미소 지어 보세요.

행복한 하루가 눈앞에 가득 펼쳐질 거예요.

- 서울국제명상페스티벌 운영위원회 -

현명한 사람은 자신의 마음을 잘 다스립니다.

잘 다스려진 마음은 모든 행복의 근원입니다.

《법구경》

우리는 탐욕 때문에 늙어가고

분노 때문에 병들어가며

어리석음 때문에 죽어갑니다.

이 세 가지를 없애세요.

그러면 행복해집니다.

《법구경》

행복의 씨앗은 적고

고통의 씨앗은 많습니다.

그러니 행복의 씨앗에만 물을 주세요.

절대로 고통의 씨앗에 물을 주지 마세요.

《우파니샤드》

탐욕에도 이끌리지 말고

노여움에도 이끌리지 말고

두려움에도 이끌리지 말고

어리석음에도 이끌리지 마세요.

그러면 당신의 행복은 날로 커질 것입니다.

마치 달이 차올라 보름이 되듯이!

《싱갈라경》

마음은 화가입니다.

이 세상은 모두 내 마음이 그린 그림입니다.

《화엄경》

오늘도 이 세상 하얀 도화지 위에

어떤 그림을 그릴지는 오직 내 한마음에 달렸습니다.

- 서울국제명상페스티벌 운영위원회 -

한
줄
명
상

맑고 착한 마음으로만 행동하면 행복과 즐거움이 따릅니다.

내 그림자가 언제나 나만을 따르듯이!

《법구경》

나와 남을 나누지 마세요.

분별심을 놓아버리고

자신을 낮추는 사람에게는 행복이 저절로 찾아옵니다.

- 야운 선사 -

한
줄
명
상

바른 마음正念으로 맑고 깨끗한 지혜를 닦으세요.

사랑과 미움의 그물은 끊고

영원한 안식의 즐거움을 얻으세요.

그것이 행복입니다.

《불설중본기경》

살면서 현명하고 지혜로운 사람을 만나는 것은 축복입니다.

이런 사람을 만나거든 빛나는 별을 따르듯

그의 뒤를 따르며 수행하세요.

그러면 행복이 강물처럼 넘쳐흐를 겁니다.

《법구경》

억울한 일이 있어도 분노하지 마세요.

그것이 사실이든 아니든 상관하지 마세요.

그저 물처럼 흘러가게 두세요.

언제 어느 때나 화내지 않고 행복할 줄 아는 사람이야말로

세상에서 가장 지혜로운 사람입니다.

《잡보장경》

집착을 버리면 행복해집니다.

분노를 버리면 행복해집니다.

어리석음을 버리면 행복해집니다.

마치 밝은 해가 구름을 벗어나

온 세상을 따뜻하게 비추듯,

모든 사람들을 행복하게 해줍니다.

《화엄경》

행복은 단순한 데 있습니다.

창밖으로 햇살이 비치나요.

따뜻한 차 한 잔 곁에 있나요.

문득 보고픈 사람이 떠오르나요.

따스한 햇살과 차 한 잔,

그리고 그리운 얼굴,

이 얼마나 좋나요.

행복은 단순한 데 있습니다.

- 서울국제명상페스티벌 운영위원회 -

세상에서 가장 아름다운 기도

나를 위해 이렇게 기도해보세요.

내가 행복하기를,

내가 건강하기를,

내가 안전하기를!

그리고 사랑하는 사람에게도 이렇게 기도해보세요.

당신이 행복하기를,

당신이 건강하기를,

당신이 안전하기를!

- 서울국제명상페스티벌 운영위원회 -

이렇게 자비의 기도를 하세요.

내가 모든 생명들에게 무한한 자비심을 발하기를!
내가 온 세상을 자비의 마음으로 가득 채우기를!

《자애경》

또 이렇게 기도해보세요.

나를 만나는 모든 사람들이 행복하기를,

길을 잃고 방황하는 사람들에게 길잡이가 되기를,

고통에 신음하는 사람들에게 따뜻한 보호자가 되기를,

힘든 인생의 강을 건너는 사람들에게

내가 안전한 배가 되기를!

- 서울국제명상페스티벌 운영위원회 -

자애 수행을 닦으면 모든 악의가 제거되고

연민 수행을 닦으면 모든 잔인함이 제거되고

더불어 기뻐하는 수행을 닦으면 모든 싫어함이 제거되며

평온 수행을 닦으면 그 어떤 나쁜 마음도 다 제거될 것이다.

- 붓다 -

한
줄
명
상

살다가 몹시 힘들고 괴로울 땐 이렇게 자애 명상을 해보세요.

내 몸이 고통에서 벗어나기를,

내 마음이 고통에서 벗어나기를,

내 영혼이 평안하기를!

- 서울국제명상페스티벌 운영위원회 -

자비 명상을 하는 순서는 다음과 같습니다.

1) 나를 향한 자비 명상

2) 주변 사람들을 위한 자비 명상

　　- 고마운 사람, 존경하는 사람, 은혜를 준 사람

　　- 사랑하는 가족, 친지, 친구

　　- 싫어하지도 좋아하지도 않는 사람

　　- 미워하고 싫어하는 사람

3) 모든 존재를 향한 자비 명상

- 서울국제명상페스티벌 운영위원회 -

종일토록 남의 보배를 세어도

내 보물이 아닙니다.

아무리 많은 지식이 있어도

실천하지 않으면 아무 소용없습니다.

바로 지금 수행하고 실천하세요.

그래야 내가 변화됩니다.

《화엄경》

고요한 곳에서 자비와 자애 명상을 하세요.

나와 남을 불쌍히 여기며 진심으로 사랑하는 명상을 하세요.

그 속에서 진정한 나를 찾으세요.

행복은 그 속에 있습니다.

《수타니파타》

우리의 마음 바탕은 본래 선도 악도 아닙니다.

선과 악은 대상과 환경에 따라 일어날 뿐,

선한 사람을 만나면 선해지고

나쁜 사람을 만나면 나빠집니다.

향 싼 종이에 향내 나고

생선 싼 종이에 비린내가 배듯이!

《법구경》

'모든 것은 변합니다.'

이 사실을 깨닫고

마음을 고요히 하고 수행하면

평화와 행복이 찾아옵니다.

《법구경》

소중한 당신을 위한 명상

편하게 호흡해보세요.

숨을 억지로 깊이 들이 쉴 필요도 없습니다.

그저 가만히 숨이 들어오고 나가는 것을 느끼기만 하세요.

이것이 명상의 시작입니다.

- 서울국제명상페스티벌 운영위원회 -

숨을 들이쉬면서 내게 미소 지으세요.

미소를 지으며 숨을 내쉬면서

기쁨과 행복을 한껏 느껴보세요.

명상은 어렵지 않습니다.

- 서울국제명상페스티벌 운영위원회 -

한
줄
명
상

내가 불행을 바라지 않듯이
저 사람도 불행하길 바라지 않습니다.
내가 행복을 바라듯이
저 사람도 행복하기를 바랍니다.
이 단순한 사실을 아는 것으로부터
참된 명상은 시작됩니다.

- 서울국제명상페스티벌 운영위원회 -

혼란하고 어지럽고 나태한 생각은 명상을 방해합니다.

오롯이 정신을 모으고

오직 내 몸과 마음에만 집중하세요.

그러면 금방 마음이 고요해집니다.

- 서울국제명상페스티벌 운영위원회 -

볼 때는 아무 생각 없이 그저 보기만 하세요.

들을 땐 듣기만 하세요.

느낌이 오면 느끼기만 하세요.

그러면 편안해집니다.

다른 것은 없습니다.

《법구경》

과거는 지나갔고, 미래는 오지 않았습니다.

지금 '현재'만이 있습니다.

그러니 지나간 과거와 오지 않은 미래를 걱정하지 마세요.

그 무엇도 두려워하지 말고,

'바로 지금' 이 순간에만 집중하세요.

- 서울국제명상페스티벌 운영위원회 -

고통의 고리를 끊을 수 있는 열쇠는

바로 '감정을 자각하는 것'입니다.

화나 질투의 감정이 일어나는 순간을 자각하세요.

그 순간마다 내가 변합니다.

- 서울국제명상페스티벌 운영위원회 -

지금 이 순간을 놓치지 마세요.

지금 내가 어떻게 살고 있는지,

순간순간 자각하세요.

한눈도 팔지 말고, 딴생각도 하지 말고,

오직 스스로를 살피세요.

이 순간들이 모여 당신의 인생이 됩니다.

- 서울국제명상페스티벌 운영위원회 -

늘 깨어있으세요.

감각의 즐거움에 빠지지 마세요.

항상 주의 깊게 내 마음을 챙기며 정진하세요.

그러면 크나큰 행복을 얻을 것입니다.

《법구경》

한
줄
명
상

화를 다스리는 방법은

'내가 화를 내고 있다는 사실을 아는 것'입니다.

이것이 치유명상의 시작입니다.

- 서울국제명상페스티벌 운영위원회 -

한
줄
명
상

화에 휩쓸려서 내가 화의 감정과 하나가 되었을 때는

어떻게 해야 할까요?

호흡으로 돌아가는 겁니다.

지금 당장 척추를 세우고 심호흡을 해보세요.

그러면 거짓말처럼 화가 사라집니다.

- 서울국제명상페스티벌 운영위원회 -

때로 남의 고통도 생각하세요.

그 고통을 잠시 나누어 가져보세요.

남의 고통을 함께 경험하면서

그들의 고통이 조금이라도 사라지길 기도하세요.

그렇게 나와 너,

우리 모두 행복하기를 기도하세요.

- 서울국제명상페스티벌 운영위원회 -

명상을 하세요.

그러면 반드시,

모든 고통이 사라진 영원한 행복과 평화에 이릅니다.

《법구경》

한 줄 명상

저 자 동국대학교 서울국제명상페스티벌 운영위원회

1판 1쇄 발행 2020년 12월 31일

저작권자 동국대학교 서울국제명상페스티벌 운영위원회

발 행 처 하움출판사
발 행 인 문현광
교   정 김은성
편   집 이정노
주   소 전라북도 군산시 축동안3길 20, 2층 하움출판사
I S B N 979-11-6440-730-9

홈페이지 http://haum.kr/
이 메 일 haum1000@naver.com

좋은 책을 만들겠습니다.
하움출판사는 독자 여러분의 의견에 항상 귀 기울이고 있습니다.

이 도서의 국립중앙도서관 출판예정도서목록(CIP)은 서지정보유통 지원시스템 홈페이지(http://seoji.nl.go.kr)와
국가자료종합목록 구축시스템(http://kolis-net.nl.go.kr)에서 이용하실 수 있습니다.
(CIP제어번호 : CIP2020053916)